AF303939

Benjamin William

NACHTSCHWÄRMER
LOVE SONGS

Gedichte

poeme_edition:kieber

Bibliografische Information der Deutschen Nationalbibliothek:
Die Deutsche Nationalbibliothek verzeichnet diese Publikation in der Deutschen Nationalbibliografie; detaillierte bibliografische Daten sind im Internet über http://dnb.dnb.de abrufbar.

produziert von © 2024 EDITION KIEBER

Alle Stücke geschrieben*, bearbeitet, konzipiert und produziert von © 2024 Benjamin William
Aufgezeichnet* in dem Zeitraum 19.05.2024 –31.08.2024
*außer, wo anders gekennzeichnet

Bildmaterial: © Jennifer J. Valina
Autorenfoto – aus dem privaten Bildarchiv des Autors
Covergestaltung & Bildbearbeitung: Ben Kretlow

Kontakt: Email – info@benkretlow.de
Instagram - @benstagram1985

Verlag: BoD • Books on Demand GmbH, In de Tarpen 42, 22848 Norderstedt
Druck: Libri Plureos GmbH, Friedensallee 273, 22763 Hamburg
ISBN: 978-3-7597-8008-9

I

jetzt bist du weg

jetzt bist du weg
& es interessiert keinen dreck
ob ich daran verreckt
bin halt – oder nicht

du, ich wasch mein gesicht
ich schnüre die schuhe
bewege mich fort für mich
+ finde ruhe

denn ich laufe nicht meer
nein, nicht fort + davon
& so sehr ich daran denk, so sehr,
ja, tröstet es mich schon

der himmel reinigt, ja:
deine splitter: alles ist leben,
wenn ich meine hände hebe
nachts auf der straße im sommerregen

lucifer kam und ging. amen.

ich war am boden, ja, bei lucifer in der tiefe
ich wurd bestohlen, betrogen, belogen
+ wünschte mir, dass ich für immer schliefe

doch eines morgens, diese eine erkenntnis weiter,
stand vor meinem leben diese eine leiter,
& eine stimme sagte mir, es ist besser,
wenn du sie hinaufgehst

du, das leben war nicht fair, es war schwer,
                              ich versteh,
aber wie lang willst du dich in diesem kreislauf
in endlosschleife noch weiterdrehen?

also stand ich auf,
kletterte jede stufe einzeln,
erst wacklig, dann hastig,
dann innehaltend rauf,
& ich begann, tatsächlich wieder zu sehen

ich begann, durch:zu:atmen;
ja, ich spürte wieder leben,
& nun werd ich mich nie meer,
& kommt auch irgendwer,
in schutzloser haltung ergeben,
sondern nach meinem frieden streben

also, wenn du dieses pochen im raum,
& dieses geräusch ist nicht nur im traum,
hören kannst,
spürst du, die wahrheit kam in mir an,
& mein herz,
ja, gibt mir,
endlich dafür...
seinen segen.

(hörst dus mich flüstern?) amen.

es ist gut

dieses bett vergisst uns,
andere töne überschreiben nun schon
so lange die erinnerungen an den klang
deiner stimme,
& wie du hier in der küche saßt
immer auf demselben platz,
ja, das bild daran in meinen gedanken
verblasst… und verblasst
immer meer

es ist gut, dass unsere geschichte,
so schreibt er, nun schon einige kapitel
zurückliegt: und genauso, dass
auf den neuen seiten, die mein leben jetzt
so anders ausfüllt, keine wehmut
meer niederfällt. du, das alles ist gut –
ja, so gut, dass…

ich deinen duft hier noch länger vermissen
könnte, aber wozu?!
denn so, wie du es wolltest,
hat sich mein leben endlich + fast
unbemerkt schleichend dazu entschieden…
ja, damit aufzuhören,
dich noch länger zu lieben.

ende juni

draußen sturm + gewitter
straßenlaternen flackern
doch ich fühl mich besser;
& der juni weiß genau, wovon er spricht

leute rennen in den straßen
schutz suchend vor den regenmassen
+ ich dabei
drei gläser wein
vom inneren glück...
und fühl mich irgendwie beschützt

du, ich lasse alles stehen,
wenn sie in ihren widersprüchen gehen –
nur mich nicht meer liegen.
doch worin sie recht haben,
wenn auch standardantwort
auf deine fragen:
ja, du kannst blickwinkel drehen |
& klarer noch: du kannst sie verschieben

ex... und next

lange zeit her oder vielleicht noch gestern
heilige samariter, brüder, schwestern
woher sollte sie nur wissen, was passiert,
wenn sie sich dabei in seinen armen verliert –
doch noch zu hause ein mann, der nichts ahnt,
was ihr dreckiges herz schon so lange plant

du, jetzt hast du noch deinen körper,
doch nur *den* allein
denn irgendwann wird das alter ihr nehmen,
was sie jetzt noch verneint,
& dann wird sie weinen,
weil auf weiter flur wird sie alleine stehen
+ in ihren gedanken beim vorübergehen
eines tages in dann *mein* glückliches gesicht sehen

aber ps.: geh weiter – bitte, ja, treibs weiter,
denn karma weiß jetzt schon genau, wer scheitert
ja, geh weiter – du, bitte, spiel dein leben lang weiter,
denn in mir ist nun endlich dieses *gott–sei–dank*
                statt dieses arme *leider*

morgensonne

siebte marlboro an, nächste szene
neuer floor, auf dem ich mich bewege
lichtdurchflutet, die bässe dröhnen
loslassen, hingeben, erinnerungen schönen

& lächeln, weil wirs so fühlen:
kein sitz meer zwischen den stühlen
du, kein graben meer, in dem wir wühlen
zweites oder drittes zwischenspiel:
augen kurz öffnen, kopf abkühlen

menschen singen, rhythmus tight
alles, wofür wir stehen, vereint
& keine wolken später, die sonne am morgen
legitimiert das stück vom glück,
das wir uns borgen

komplett (interlude)

in kompletter dunkelheit sind wir alle gleich:
du, er, ich, wir, ihr... sie
lass dir bitte niemals
NIEMALS
irgendetwas anderes

einreden.

nächte

ich betäub mich in den nächten.
ich stürz mich in ein neues leben.
will mich an den geistern rächen,
die wie schatten
an meinen gedanken kleben.

ich tanze unter der sonne,
& unter den sternen ich so oft tauch.
so viele meinen, ich hab (mich) gewonnen,
& hey – manchmal glaub ichs auch.

& dann ist da wieder diese furcht,
dass ich für immer mit mir alleine bleib.
dass ich so viel verpassen werde,
weil mich mein zweifel
in den selbstschutz treibt:

nach allem, was war,
bau ich mir mein eigenes haus.
& nach allem, was ich gab:
ja, wirklich *mich*: ist vertrauen nun aus.

doch das herz schlägt auch so weiter;
nein, niemand wird es meer berühren.
für über diese mauer gibt es keine leiter:
nein, nie wieder einen aufprall spüren.

lovely day

bill withers im radio, die sonne am himmel
+ windstöße von gestern, alle vergangen.
letzte nachricht geschrieben + noch die
fenster geöffnet, bevor der schlüssel schon
im schloss und ich die treppen hinunter –
und raus. niemanden meer reden hören,
niemanden meer sehen: losgelöst in die
strömung, die nur für dich ist. und für mich –
aber um mich mach dir echt keine gedanken:
es geht mir gut. ich hoffe nur, wo du
ankommst: bitte weiß das: wird dieses
lächeln auf deinem gesicht genauso warm
sein wie meins

I I

heartbreak hotel

seitdem zu leben auf der überholspur:
durchatmen manchmal, kopf ausschalten,
innere ruhe
vielleicht dabei nachts den einen
oder andern schritt zu schnell,
nur, um mich selber wieder zu spüren
nur, um herauszukommen
aus diesem heartbreak hotel

den lichtern folgen, deren glanz du mir nahmst
dem ende widerstehen? ja, diesem ende
widerstehen, an dessen rand
du mich brachtest,
selbst, als du über meinen tiefsten schmerz
noch lachtest,
für den meine heilung dich selbst
dann noch verantwortlich hält
nach meiner erfolgreichen abreise
aus diesem horror heartbreak hotel

& selbst, wenn da niemals meer
auf meinem weg irgendwo wartet irgendwer,
ist das unter den neonschildern
mein einer tanz der befreiung,
glaub mir: dein mich demütigen nimmt
mir nicht die heilung,
wenn eines tages dein kartenhaus
krachend zusammenfällt,
was grausamer sein wird,
als meine dunkelsten stunden
in deinem heartbreak hotel

feuerkuss

boy, sie hat deine nummer,
& du weißt es genau
gefährlich wie feuer –
spiel nicht mit dieser frau

sie wird dich wieder verführen,
doch noch weißt du nicht, warum
ihre rache wirst du spüren –
glaub mir, sie kümmert sich darum

denn ihre lippen eine flamme,
die dich verzehrt
ein flüstern an deinem ohr,
das deine sinne spielend betört

doch jetzt sag, wie fühlt es sich an,
wenn du sie so leidenschaftlich spürst
+ du, in ihrem blick dabei, als mann
einfach nur scheiternd verlierst?

denn in diesem moment,
ja, wird es sein, dass du erkennst,
dass es klüger gewesen wäre,
sie nicht zurückzulassen in dieser leere:
ja, vorher nicht der gewesen zu sein,
der auf + davonrennt

doch nun siehst dus: isses dein herz,
das gebrochen, zerstochen
(der finale schlag nach stechendem schmerz),
ohne wert tropfend aufm boden liegt,
während sie aufsteht + einfach nur
die letzte tür hinter sich: schließt

der reine fluss

& in jeder stille, in der ich nach wem rufe,
sagt sie,
ob ich nun finde, wonach ich suche,
sagt sie,
komm ich unten an am fluss des lichts
+ tausche meine maske gegen mein gesicht

das bild auf dem wasser bin ich
+ der wind, der flüstert, meint wohl mich
so, wie sie dort nun unten am ufer steht
+ ihr herzschlag mit der bewegung
                    der wellen geht,
bleibt mir wohl nur eine frage,
sagt sie, die ich schon so lange in mir trage:

was genau braucht es in diesem suchen + finden,
um meine größte furcht zu überwinden,
obwohls so ist, dass man manchmal
                    nach etwas greift,
für das das atmen keine antwort weiß?
& so steht sie in ihrer stille da
nur mit der nacht in ihrem haar

wahrheit (interlude)

wo immer du deinen frieden findest,
ist genau dort dein platz...
ja, der ort, an dem du dich selbst:
rein + frei

erfüllst.

freundin

freundin, ich find, du sagst es besser deinem freund,
weil er wissen sollte, was da zwischen uns läuft
sag ihm, was er wissen muss, nur damit
er nicht noch meer durch uns verletzt wird

freundin, wir verschweigen es ihm besser nicht,
woran er ab hier vielleicht eh schon zerbricht
du, sag ihm genau, was dich umso meer mit mir eint,
& maskiers nicht hinter tränen, die du dann vor ihm
weinst

denn ich will es vor niemandem länger leugnen
sein herz muss es erfahren von meiner freundin,
dass du spät in der nacht, wenn er längst schläft,
heimlich mit deinen küssen zu mir gehst

bis du mich siehst, miss lovesong

weißt du, manchmal wünsch ich mir, du
würdest nur eine tür weiter wohnen,
& ich könnte dir jede nacht
so lange einen zettel davor hinlegen,
auf dem alles stünde,
wovon ich träumen möchte
von uns als nächstes,
bis du... ja, bis du mich siehst.

ich wüsst dabei nicht, ob du
sie lesen würdest –
oder einfach zerreißen
oder legen auf deinen nachttisch,
während ich einfach hoffe auf dein lächeln,
wenn ich dich das nächste mal sehe.

ich weiß, ich würde geduldig sein,
ich würde warten und
jede nacht leise diesen einen wunsch
sprechen, bevor ich mich umdrehe
+ meine augen sich schließen:

dass du hier wärst... einfach nur hier
& keiner von uns beiden
noch einen schlaf allein.

glühende augen

bin ich unsichtbar,
nur weil du mich ignorierst?
ich bin ein flirren
in all deinen gedanken.
ich bin frei wie der wind,
der bebend gegen fenster zirkuliert,
doch isses so, dass ich
meine stellung halten kann,
während andere ständig schwanken.

denn du, auch diese vier wände, nein –
sie halten mich gewiss hier heut nacht nicht;
weil nicht nur in meinem schlaf
zieh ich raus in die welt:
ich habe alles alte abgelegt + seh nun
wirklich, dies:ist:mein gesicht,
zwei dunkle augen, in denen sich
ein feuer glühend hält...

& wenn sie dich dann nach mir
fragen sollten, ja, einfach fragen,
kannst du ihnen meinetwegen
einfach alles von mir sagen,
während ich vom leben
wirklich bedeutung manifestier
+ mich nur tanzend inmitten
elektrischer augen... im fühlen: verlier.

soul joint

setz mich an den hafen,
so wie mit dir früher:
in der hand die wiese
lass mich auf den rücken fallen,
sommersonnenuntergang:
doch – ich genieße

puste den rauch in ringen
slooowmo
aus der lunge
musik, die leicht kickt, wird bringen
genau so
wie ichs schmeck auf meiner zunge

denn, ja, die sterne werden dabei klarer
(fühlmich... fühl) das gefühl wird wahrer
weil hier mein lächeln: du...
                    ich habs geschafft –
                            ja, sagt er

nachtbrief an miss lovesong

von dir zu träumen in nächten –
du sagst, das geht auch ohne liebe
ein meer aus berührungen gemeinsam flechten,
während ich mich in deinem blick verliere:

nur für den einen moment –
ja, & sei es nur für das eine fühlen,
während dabei keiner von uns meer rennt:
& wir uns beide spüren

du, ich weiß nicht, was es grade ist,
aber was du vor meinen zeilen schriebst,
lässt mich wünschen, dort zu sein, wo du bist –
& wärens nur sieben sekunden, die du mir gibst

I I I

menschenskinder

warum kann nicht einfach nur schön bleiben,
was immer schön war?
warum muss sich jedes detail,
obwohl so weit weg vom fall,
immer drehen + wenden müssen hier + da?

warum können wir nicht einmal zufrieden sein,
& alles muss sich ständig bewegen?
warum immer direkt ran an den puls der zeit,
an dessen grenzen,
die unsern umstand: gut oder schlecht: bemessen,
wo wir uns eins gegen eins in moleküle zerlegen?

sprich: wer muss wen übergehen?
an welchen uhren wollen sie, dass wir drehen?
& isses so einfacher, das zu wählen,
als das, wofür wir menschen eigentlich stehen?

vielleicht isses auch so, dass ichs nicht begreif,
wenn ich bedenk, ich fühl mich
                          wie aus einer andern zeit
nur, was für mich trotzdem als frage bleibt:
ungeschönt – treiben wirs zu weit?

es geht um uns

sagt ihnen, wir alle sind menschen
dieselbe farbe des bluts
kennt nämlich keine grenzen
im herzen, das im selben rhythmus schlägt,
weil sein mitgefühl uns gleichsam bewegt:

schau, wir sind alle hier aus einem grund,
& ich denk, ein mit– statt eines
gegeneinanders ist: vernunft
denn du könntest jemanden bringen
zu den bittersten tränen,
& schon der neben dir würde sie
von ihren wangen nehmen:

weil alles ist kreislauf.
wir sind alle im selben system.
wir zersplittern + nehmen in kauf.
wir hoffen, wir schmerzen – wir leben.

nur eines müssen wir noch lernen
+ verstehen,
dass wir weniger nehmen sollten
+ jeder meer geben,
denn dafür wurde/n sie/er/wir
in diese welt geschickt –
und nicht dafür,
dass man aneinander zerbricht.

tränen dieser welt

wenn du nicht meer weiter weißt,
wie du dich in allem für dich verhältst,
wenn entlang deiner wangen tropfen
von dir hinab gefühlt die tränen dieser welt

wenn du keinen weg meer für dich fühlst,
als alles um dich herum im nichts zerfällt
+ stimmen dir zurufen, alles würde gut
werden, während du gegen wände zerschellst

wenn du dann im kerzenlicht hochblickst
aus deiner dunkelsten stunde
+ du rationalisierst deine tiefste wunde,
fragst du noch, wie schaff ich es mit dem,
was ich von mir teile,
dass, wenn schon nicht ich, diese welt
um mich herum heile?

& dann erst trennt sich dein bewusstsein
von dem, wohin ich längst nicht meer sehe,
während ich fassungslos blickend,
so ohne wirklich einen ansatz
gegen all das,
neben dir stehe:

menschenhandel. waffengeschäfte.
weltweites verletzen der menschenrechte;
& kinder, die als soldaten ziehen in den krieg:
du, kann ich dann wirklich ernsthaft behaupten,
dass jede träne dieser welt
aus meinen augen fließt?

kinder dieser erde (interlude)

kinder, in einer welt zu leben,
die wir nicht verändert haben,
wie viel, wisst ihrs schon?,
müsst ihr dafür geben,
um all das irgendwann zu tragen?

kinder, in einer welt zu leben,
in der die großen nur lügen,
findet bitte zusammen auf allen wegen –
bloß lasst euch dabei nie
von euren augen... trügen.

lösungsmittel

überstandenes trauma: sie sagen bloß worte?
was ist nur los mit dieser horde?
draußen auf den straßen
könnense das chaos nicht lassen
+ ballern tiefer, so subtile sorte

ich schau in den spiegel + frag, was ich seh,
bevor ich im angriffsmodus vor die türe geh:
du, bin ich noch mensch – oder schon
                                brüllendes tier?,
falls ich gegen den nächsten angriff verlier,

verriegle ich im selbstschutz vorher die fenster
vor dem sog dieser bleichen gespenster
+ schütz mich so vor deren lähmendes gift,
mit dem ein reines herz zu schnell betäubt wird

und verschwinde in mir in die loving utopie,
von der sie sagen: bruder, die wird nie
aber ich hör nicht auf, daran zu glauben,
was ich irgendwann + wofür ich kriege:
und male mir neue liebe

findet zusammen macht den unterschied

da kommt er, so, wie ihr ihn kennt:
er, der mit breiter brust
gegen jede strömung anrennt,
hat ein ego, das ist extrameilenweit,
und macht auf jeder uhr *seine* eigene zeit

ja, er hat haare so wild, dass jede frau
ihn mustert, baby, sowas von ganz genau
doch eines ist, was sie nie an ihm verstehen,
wie er nur davon träumen kann,
dass wir alle in harmonie miteinander leben

als nächstes: ist sie, die passanten nie bemerken,
wenn sie sitzt im café,
vor dem sich alle wie fremde
in der enge:
mitten in der menge:
vorbei pferchen

sie, die tief versunken
in ihre hefte schreibt
+ dabei nur sekunden
ihren kopf zum fenster neigt,
alles um sich herum vergessen,
findet dieses verhalten all jener vermessen,
wenn sie die kraft ausblenden,
die enstehen könnte,
hielten wir nur einander gemeinsam
an unsern händen

& das meint auch dieser alte mitten
                    in der ruhe vom park,
der das schicke treiben um sich herum
                    beobachtet + bedacht sagt:
jeder, der eine antwort von mir will,
bekommt sie, atmet er ein,
atmet er aus, ganz still –
ja, wenn er fragt

denn schau dich um, junge:
in jedem von uns liegt *die* macht,
all das vereinende, all das bunte
zusammenzuführen an jedem einzelnen tag
& wenn *du* beginnst + das für dich siehst,
macht dein nächster schritt den ersten unterschied

(das isses) was du mit mir machst

alles, was du tun musst, ist,
mich nicht wahrzunehmen,
wenn du an mir vorbeigehst, während
ich alles versuche, dass du mich nur siehst

denn alles, was du sagen kannst, ist,
in keiner weise was zu *mir* zu sagen,
während niemand von deinen leuten wirklich spürt,
was du eigentlich alles von dir gibst

& alles, was du eigentlich fühlen willst, ist,
dass da jemand ist,
der hinter deine blicke schaut,
ja, der sich seine welt
mit wirklich DIR groß aufbaut

& manchmal, wenn du einfach so
an mir vorbeigehst, dann
stell ich mir vor, wies wohl wär,
weißtdu?, so rein imaginär,
wie dus dich in deinen träumen
wirklich so ganz mit mir traust

(bittersüß) dich lieben

dich zu lieben in meinen träumen,
in der nacht, am morgen
mir zu wünschen, nur einen
deiner küsse hätt ich mir geborgen:

um dich zu fühlen in der nähe
deiner abstinenz,
in der ein herz wie meins, das dir begegnet,
nur sehnsucht kennt

doch kein stein, den ich nicht
dreh und/oder wende,
könnt mich je vergessen lassen, dass ich
dich wirklich spüre bis ans ende:

wenn du eines tages vor meiner türe stehst;
wenn du deine linien weich um mich bewegst;
ja, wenn sich dein gedanke nur einmal
                                 um mich dreht –
wie erfüllt voll glück ich mich dann nur fände

*[bittersüß... bittersüß... dich lieben –
du, sag den engeln für jetzt noch nein
denn nur dich... so bittersüß... will ich lieben
bitte sag den engeln für uns jetzt...
nur für uns jetzt: ... ja!]*

dieser mann (ist frei jetzt)

ich bin nun frei:
das ist der mann, den du siehst
befreit
von schmerz + geschrei
ja, bereit
für eine welt da draußen,
die es neu für ihn gibt

denn *ich*, ja, hab gewonnen:
du, das ist pure entschlossenheit
auf meinem gesicht
wurde dir einmal alles im leben genommen,
aber du bist für *dich* wieder aufgestanden?
du, dann weißt du,
wovon das feuer in meinen augen spricht

weißt du, mein herz wurde kein stein,
& ich weiß nun wohin mit meinem sein
& selbst, wenn reste dieser wunde bleiben,
wird kein millimeter davon mein leben verneinen,
während alle zeichen für *mich*
in dieses indigoblau zeigen

denn dieser mann ist frei jetzt
dieser mann ist frei jetzt
& seine spuren werden sich
auf wegen von gold + glück einreihen

FORTSETZUNG FOLGT...

Alle Stücke geschrieben*, bearbeitet, konzipiert + produziert von Benjamin William

Aufgezeichnet* in dem Zeitraum 19.05.2024 – 31.08.2024,

**außer: "der reine fluss":*

geschrieben am 14.09.2022,

"tränen dieser welt":

geschrieben am 19.02.2024/10.03.2024,

"(das isses) was du mir machst":

geschrieben am 11.03.2024

*"der reine fluss", "tränen dieser welt" +"(das isses) was du mit mir machst":

geschrieben, bearbeitet + konzipiert von Ben Kretlow, produziert von Benjamin William

Nachbemerkung geschrieben von Jennifer J. Valina

Nachbemerkung

"NACHTSCHWÄRMER LOVE SONGS" ist eine Sammlung von Gedichten und Reflexionen, die tief in die emotionale und geistige Reise von Benjamin William eintauchen. Seine Worte berühren die Seele und bieten Einblicke in die Kämpfe und Triumphe des menschlichen Herzens. Diese Gedichte sind eine Hommage an die Widerstandsfähigkeit und die Fähigkeit zur Heilung und zum Neuanfang.
Benjamin Williams Schreibstil ist geprägt von einer rohen Ehrlichkeit und Tiefe, die Leser und Leserinnen auf eine Reise der Selbstentdeckung und –akzeptanz mitnimmt. Diese Sammlung ist ein Zeugnis seiner emotionalen Tiefe und seines künstlerischen Talents, das die Leser und Leserinnen sicherlich bewegen und inspirieren wird.

Als ich die Gedichte von Benjamin William las, wurde ich tief berührt von der Intensität und Aufrichtigkeit seiner Worte. Diese Sammlung, die während einer besonders herausfordernden Zeit in Benjamins Leben entstanden ist, trägt die Spuren des Kampfes, seiner Verzweiflung und letztlich seiner Erlösung. Es ist eine Reise durch die Dunkelheit hin zum Licht, durch die Trauer hin zur Hoffnung.

Benjamin hat es geschafft, seine innersten Gefühle und Gedanken in eine poetische Form zu gießen, die sowohl schmerzhaft ehrlich als auch wunderschön inspirierend ist. Jeder Vers ist ein Zeugnis seiner Stärke und seines Mutes, den Weg der Selbstentdeckung und Heilung zu gehen.

"NACHTSCHWÄRMER LOVE SONGS" zeigt, wie mächtig Worte sein können. Sie haben die Fähigkeit, uns zu verbinden, uns zu trösten und uns daran zu erinnern, dass wir nicht alleine sind. Benjamins Gedichte sind eine Einladung, sich mit den eigenen Gefühlen

auseinanderzusetzen und den Mut zu finden, sich den eigenen inneren Dämonen zu stellen.

Dieses Buch ist für alle, die jemals durch die Dunkelheit gegangen sind und den Weg zum Licht gesucht haben. Es ist eine Erinnerung daran, dass wir nicht alleine sind und dass es immer einen Weg nach vorn gibt, egal wie schwierig der Weg auch sein wird.

Benjamin, dein Weg und deine Worte sind eine Quelle der Stärke und Hoffnung. Danke, dass du uns alle daran teilhaben lässt.

– Jennifer J. Valina
Autorin + Künstlerin
im August 2024

Danksagung

Dieses Buch ist für den alten Ben: Dass er nie vergisst, dass ich ihm dankbar bin für seinen Weg, den er so bitterlich + tapfer gehen und durchfühlen musste, damit ich jetzt bin.

— *Benjamin William,* im August 2024

Besonderen Dank an meine Familie für eure bedingungslose Liebe, euren Rückhalt + euer immer Dasein. All mein Herz ist dank euch.

Besonderen Dank an Elif Calikoglu für dein intensives, aufrichtiges + mitfühlendes (Da–)Sein in all der Zeit bis zur Vollendung dieses Buches – und darüber hinaus.
Was du für mich bis hierhin getan + gegeben hast, dafür gibt es einfach keinen Vergleich. Unsere wahre, so tiefe Freundschaft ist für immer in meinem Herzen; sie ist die Definition von wahrem Vertrauen, von durch dick + dünn, ja, von Dasein, wenn es wirklich darauf ankommt. Bitte vergiss nie, dass der Himmel weiß, welch ein besonderer Mensch du bist.

Besonderen Dank an meinen Kumpan + Künstlerfreund Haydar Karaldi für deinen Akt echter Freundschaft in meiner allerdunkelsten Stunde + für all das davor + für all die gemeinsame Zeit des Lachens, der Kreativität + der Stille im Hier + Jetzt und in der Zukunft. Du bist mein großer Bruder.

Besonderen Dank an meinen Musching, Tobias Reimer, für alles, was wir teilen + du mir von tiefstem Herzen bist. Deine so wertvolle Begleitung ist eine Konstante, ohne die ich nicht der wäre, der ich nun bin. Danke für deinen Zuspruch, deine Rücksicht, dein Mitgefühl... und jedes Schmunzeln, das wir für immer teilen.

Besonderen Dank an Florian Kziensik für alles, was du mir bist und seit jeher warst: Vorbild, Verbündeter, der beste Mann zur richtigen Zeit, ja, der eine Mensch, der immer ist, selbst wenn Monate zwischen unseren Umarmungen liegen. Aus tiefstem Herzen zwei Dinge: Für immer FLEN... und Danke!

Besonderen Dank an Betty Kohlmorgen für wohl die facettenreichste, gemeinsame Geschichte, Begegnung + Freundschaft, die zwei Menschen miteinander teilen können. Ich weiß alles zu schätzen, was uns verbindet, und danke dir für alles, was wir gemeinsam in all den Jahren geschafft haben, sowie dafür, dass du da warst, als ich jeden einzelnen Rückhalt zutiefst brauchte.

Besonderen Dank an meine Schwester Meryem Yasar für dein Dasein, Licht und deinen stetigen Rückhalt und Kampf für mich, der aus deinem ganzen Herzen kommt. Deine Loyalität + Zuversicht sind an keinem einzigen Tag vergessen, Schwester... Mein Dank ist für immer dein.

Besonderen Dank an Sarah Kraft für jeden Moment unserer Freundschaft, die ihr Fundament in Tiefe, Lachen und Stille hat. Dass du immer da bist... mir zuhörst... und mich neue Blickwinkel erschließen lässt, Sari, weiß ich unendlich zu schätzen.

Besonderen Dank an Tasmina Kay für dein Vertrauen, dein Lachen, deine Ehrlichkeit und dass du mit mir immer versuchst, die Sonne zu sehen, selbst am bewölktesten Tag, und ich dabei ja weiß, dass du den Regen viel lieber magst. Danke, Minchen, für... dich.

Besonderen Dank für alles Vertrauen... für alles Dasein... für deinen Blick hinter die Fassade... an Zeynep Akgül. Ich weiß es so immens, immens zu schätzen, wie du all die Jahre da warst... und bist.

Besonderen Dank an Hanni... für alles... einfach ALLES.

Besonderen Dank an Jennifer J. Valina für dein ganzes Vertrauen in meine Kunst, in dieses Buch, in mich als Mensch sowie für unsere gemeinsame künstlerische Reise. Deine Freundschaft, dein Talent + deine Kunst sind etwas, was ich zutiefst bewundere.

Besonderen Dank an Deniz Schäfer... wahrer Freund und Zuhörer... Begleiter durch so viele Jahre hindurch... Auf alles, was in der Zukunft auf uns wartet! Ein Herz voll Dankbarkeit und Liebe für dich.

Besonderen Dank an Selina "Lini" Nowak... für dein Hallo früher und dein Hallo jetzt... und für Benedict Wells' "Vom Ende der Einsamkeit", mit dem du mir so viel beigebracht hast fürs wahre, wirkich wahre Sehen.

Besonderen Dank an Dakini Böhmer für deine wahre Freundschaft... für deinen Tiefblick... für deine Akzeptanz und den Klang in der Stille... für das, was du alles bist und wodurch du scheinst.

Besonderen Dank an Murielle van Wickeren und Stefanie Alpen für die eine entscheidende Möglichkeit des Auswegs im Juni, der mich von einem Tag auf den anderen so viel näher zum Licht brachte... Danke für alles Verständnis – und Vertrauen.

Weiteren Dank für künstlerischen Austausch + Begegnung in verschiedenster Form an Kevin Prox (Brudi, wann kommt eindlich dein Buch??), Manuel Bianchi + Marie Schlegel.

Weiteren Dank an Cesareo Naranjos + die Maya Galerie & Café, Rostock, für den jahrelangen Support und der Sichtbarmachung von Haydar Karaldis + meiner Kunst.

Weiteren Dank an Sünje Lewejohann, deren künstlerisches Werk mir seit Jahren ein stetiges + das besonderste Beispiel ist.

der autor

Benjamin William, geboren 1985 als Benjamin William
Kretlow, ist ein deutscher Schriftsteller und lebt in Kiel.
Er veröffentlichte bisher unter dem Künstlernamen
Ben Kretlow.

NACHTSCHWÄRMER LOVE SONGS ist sein erster
Lyrikband seit seiner Namensänderung im Juni 2024.

Unter anderem letzte Veröffentlichungen als
Ben Kretlow: *"#DieLetzteFarbe"* (2016, als Printausgabe
+ eBook), *"2 zeilen & ein stift... gedichte"* (2018, als
eBook), *"vom rand der nacht"* (2020, als Printausgabe +
eBook), *"xposé. Gedichte 2013-2021"* (2021, als
Printausgabe + eBook), *"BLACK ALBUM.
traumfäng3r/bootleg"* (2022, als Printausgabe + eBook),
"benjamin winter. Mixtape" (2022, als Printausgabe +
eBook) sowie *"ein gewonnener tag"* (2023, als
Printausgabe + eBook).

meer
liebe
füreinander.